La Bible dit-elle la vérité ?

cerf

LES CARNETS

Depuis plus de cinquante ans, la revue Fêtes & Saisons, publiée par les Éditions du Cerf, tient une place irremplaçable dans la presse catholique, en France et dans les pays francophones. Véritable encyclopédie de la foi chrétienne, elle s'efforce, dans un langage simple, de rendre accessible à tous le message de Jésus et de ses disciples.
Dans le même esprit, *les Carnets* de Fêtes & Saisons proposent aujourd'hui à un large public des ouvrages faciles d'accès pour approfondir et mieux vivre la foi chrétienne.

Dans la même collection

n° 1. Les adolescents et la foi
n° 2. Le mal et la souffrance
n° 3. Astrologie et foi chrétienne
n° 4. Quarante mots clés pour entrer dans la Bible
n° 5. Porter la communion aux malades
n° 6. Dieu existe-t-il ?
n° 7. Découvrir l'apôtre Paul
n° 8. Une famille juive au temps de Jésus
n° 9. Prier comme Jésus
n° 10. Les miracles dans les Évangiles
n° 11. Guide du catholique
n° 12. Les débuts de l'Église
n° 13. La création du monde
n° 14. "Nouvel Âge" et foi chrétienne
n° 15. La foi qui sauve (saint Luc)

L'essentiel du texte de cet ouvrage, revu et remanié, a été publié dans le n°446 de *Fêtes & Saisons.*

Marc Sevin

La Bible dit-elle la vérité ?

LES CARNETS
FÊTES & SAISONS

ISBN : 2-204-05218-3

AVANT-PROPOS

Le Concile Vatican II rappelle l'importance de la Bible. Il demande de faciliter l'accès de l'Écriture sainte à tous les fidèles. N'est-ce pas là un vœu pieu ? Bien des obstacles s'opposent à la réalisation de cette recommandation? Pour pouvoir lire la Bible, la condition première est de savoir lire; mais la lecture reste un luxe pour beaucoup. Et lire ne suffit pas. Il faut ensuite comprendre. Or, la Bible est étrange avec son évocation d'un passé lointain, avec son langage particulier. Il y a surtout les difficultés qui tiennent à notre manière de penser. Beaucoup renoncent à lire la Bible parce qu'elle semble contredire les résultats de la recherche scientifique et historique, parce qu'elle donne de Dieu un portrait bien humain, fait de jalousie, de colère, de vengeance... Comment, dès lors affirmer que la Bible dit la vérité ?

Et pourtant, dans tous les continents, il existe de multiples exemples de communautés chrétiennes qui puisent leur vitalité dans la lecture de la Bible. On compte, chez elles, des illettrés, des pauvres, qui en ont une connaissance profonde. La lecture communautaire de la Bible leur permet de tenir bon et de travailler à la venue du Royaume de Dieu aujourd'hui. Pour eux, la Bible dit la vérité et est réellement le livre de tous.

La Bible dit vrai, mais quelle est sa vérité ? Ce carnet de Fêtes & Saisons déblaye les difficultés les plus courantes. Si la Bible est un passage obligé pour les chrétiens, encore faut-il acquérir quelques réflexes de lecture avant de s'y lancer. L'apprentissage est de courte durée. La lecture croyante de la Bible peut alors permettre d'écouter aujourd'hui la Parole que Dieu ne cesse de nous adresser. Elle permet de mieux s'approcher de Celui qui est la Vérité de Dieu, Jésus.

Des questions sur la Bible

« Vous travaillez dans la Bible ? J'ai bien essayé de la lire, mais j'ai abandonné; c'est trop compliqué... Et cette histoire d'Adam et Ève, vous y croyez vraiment ? » Cette réaction de mon compagnon de voyage était caractéristique. La Bible pose beaucoup de questions à celui qui se lance sans préparation dans sa lecture.

Pour qui s'aventure pour la première fois, et sans préparation particulière, dans la lecture de la Bible, les obstacles sont nombreux. Depuis vingt-cinq ans que je travaille dans les groupes bibliques, j'entends régulièrement les mêmes questions, les mêmes objections. Elles sont à prendre au sérieux car elles gênent ou empêchent, chez beaucoup, la lecture de la Bible. Commençons par en dresser l'inventaire.

Des textes sans intérêt apparent

La Bible nous transporte dans un monde très éloigné et très différent du nôtre. À côté de pages magnifiques dans lesquelles le lecteur d'aujourd'hui se retrouve facilement, il en est beaucoup d'autres qui lui paraîtront hermétiques et de peu d'utilité.

Par exemple, dans l'Ancien Testament, on peut se demander quel est l'intérêt réel des multiples lois du livre du Lévitique qui indiquent, avec force détail, les préceptes qu'il convient de respecter pour se nourrir. Les listes d'animaux purs et impurs, consommables ou non, sont encore plus curieuses !

Toujours dans l'Ancien Testament, les récits de succession au trône de David dans le deuxième Livre de Samuel sont également étranges. Leur violence est assez déroutante : intrigues, meurtres, luttes d'influence, corruption, tout y est. Que viennent faire ces récits dans la Bible : que veulent-ils montrer ?

Quel est l'intérêt des litanies de chiffres des recensements du Livre des Nombres ? Les chapitres 40-42 du livre d'Ézéchiel décrivent avec minutie le futur temple de Jérusalem; tout architecte montrera facilement que les plan décrits sont impossibles à réaliser !

Dans le Nouveau Testament, les discours de Jésus sur la fin des temps paraissent incompréhensibles. Tout comme certains passages des lettres de Paul qui ne brillent pas par leur clarté. Qui peut comprendre le foisonnement d'images et de symboles du Livre de l'Apocalypse ?

Ces exemples ne représentent qu'une faible proportion des textes bibliques qui rebutent le lecteur de bonne volonté. On comprend facilement que, dans la catéchèse ou dans la liturgie, on fasse surtout appel aux récits bibliques les plus directement compréhensibles; les autres sont laissés aux méditations des spécialistes !

Inexactitudes et invraisemblances

Sur bien des points, la Bible apparaît comme naïve et en totale contradiction avec les découvertes scientifiques.

Elle semble prétendre que la création s'est réalisée et achevée en huit jours par Dieu, alors que les scientifiques nous apprennent que la formation de l'univers s'est étalée sur environ quinze milliards d'années, et que l'homme lui-même est le fruit d'une longue évolution portant sur plusieurs millions d'années. De même, le déluge universel raconté dans la Genèse, et dont on n'a jamais retrouvé la trace, paraît invraisemblable. Est-il possible aussi d'imaginer que des hommes aient pu vivre 950 années comme cela est affirmé pour Noé (Genèse 9,28) ? Abraham et Sara, âgés respectivement de 100 et de 90 ans pouvaient-ils donner naissance à un enfant ? Depuis Galilée, on sait que le soleil ne tourne pas autour de la terre : Josué ne pouvait donc bloquer sa course pour permettre la victoire de ses troupes. La liste des exemples de ce type serait longue.

Sur de nombreux points également, la Bible apparaît en contradiction avec les découvertes des historiens. Ces derniers récusent la version qu'elle donne de certains faits de l'histoire d'Israël. La stèle du roi Mesha, découverte en 1868 en Transjordanie, et qui se trouve au Musée du Louvre, laisse entendre que la victoire du roi d'Israël ne fut pas aussi nette que l'affirme le deuxième Livre des Rois (2 R, 3) et qu'elle se déroula au temps du roi Achab et non après sa mort ! De même la conquête du territoire de Canaan ne fut pas aussi fulgurante que le laisse supposer le livre de Josué.

Certains épisodes bibliques relèvent manifestement du merveilleux. Comment admettre, par exemple, qu'Ève ait été tirée d'une côte du premier homme... ou que la Mer Rouge se soit partagée en deux, à l'injonction de Moïse, pour laisser passer le peuple à pied sec avant de se refermer sur l'armée égyptienne ? Du reste les textes bibliques présentent deux versions de ce dernier événement : les uns parlent de la mer qui se coupe en deux, d'autres d'un assèchement d'une partie de la mer par un vent violent. À laquelle des deux faire confiance ? Comment admettre une longue traversée du désert pendant quarante années avec pour seule nourriture les cailles et la manne ? Comment justifier l'aventure de Jonas qui parvient à entrer sans dommage dans le ventre de la baleine et à y demeurer trois jours en priant ? Toute aussi surprenante est l'histoire des rois mages, dans les évangiles : pourquoi l'étoile, au lieu de les conduire directement à Jésus à Bethléem, s'éteint-elle sur Jérusalem ?

Des textes étranges et scandaleux

Une autre catégorie de textes fait difficulté dans la mesure où ils choquent notre sensibilité.

On trouve assez souvent dans la Bible, en effet, des récits de guerres ou de troubles sociaux qui sont d'une violence rare et, parfois, d'une terrible cruauté. On voit ainsi, dans les livres des Juges et de Josué, les habitants de Canaan être passés au fil de l'épée avec la bienveillance divine ! Dieu dans la Bible se présente parfois sous les traits d'un Dieu guerrier, un Dieu qui semble se complaire dans la fureur et la vengeance. Pourquoi menace-t-il toujours son peuple des pires calamités ? Pourquoi est-il présenté parfois comme un Dieu très jaloux et facilement enclin à la colère ? Comment accepter ces textes et justifier cette violence ?

D'autres textes sont tout autant insoutenables, comme le sacrifice d'Isaac par son père Abraham. Comment Dieu peut-il exiger d'un père le sacrifice de son fils ? Comment ne pas sursauter à la lecture de ce verset du psaume 137 : « Heureux qui saisira tes nourrissons pour les broyer sur le roc » ? Le massacre des innocents à Bethléem après la naissance de Jésus est proprement scandaleux. Tous ces textes font frémir.

En outre, ce que dit la Bible, et souvent de manière diffuse, sur les femmes est irrecevable. Elles y sont massivement ignorées ou méprisées.

Enfin, certaines pages bibliques recèlent une idéologie nationaliste très marquée et qui peut nous paraître assez choquante aujourd'hui.

L'authenticité et la fiabilité du texte biblique

Le soupçon se porte encore sur le texte même de la Bible. Après tout d'où vient-il ? N'a-t-il pas été corrigé, complété, manipulé, déformé au cours de sa transmission ? Où se trouvent les originaux de la Bible ? Ceux qui ont écrit la Bible, sont-ils crédibles ? Qui sont les évangélistes, et sont-ils vraiment fiables ? N'y aurait-il pas d'autres livres anciens qui faisaient partie de la Bible à l'origine et qui auraient été retranchés, cachés par les autorités religieuses ? Qui, à quelle époque, et selon quels critères, a décidé de l'entrée ou du rejet de tel livre dans la Bible ?

Pourquoi, enfin, ces différentes éditions de la Bible ? Pourquoi des Bibles catholiques, et des Bibles protestantes ? Qu'est-ce qui les différencie ? Peut-on être sûr des traductions de la Bible qui sont à notre disposition ?

Des obstacles insurmontables ?

L'énumération de ces questions autour de la Bible est impressionnante et on comprend facilement qu'elles puissent constituer de graves obstacles à la lecture de la Bible. Mais ces obstacles sont-ils insurmontables ? Non. Il s'agit, en réalité, de faux obstacles qui s'évanouissent lorsqu'on possède de bonnes clefs de lecture.

Ce sont précisément ces clefs que nous allons donner maintenant en répondant, dans les chapitres suivants, aux questions que nous venons de poser... et à quelques autres.

Nous allons commencer par le problème de l'authenticité du texte même de la Bible : qu'en est-il de cette authenticité et de la fiabilité du texte que nous avons entre les mains ?

Le texte de la Bible est-il sûr ?

Les magnétophones, magnétoscopes, et autres photocopieurs permettent aujourd'hui une reproduction parfaite des documents. On se prend parfois à regretter que les auteurs de la Bible n'aient pas eu ces moyens à leur disposition, car nous pourrions alors être absolument sûrs que la transmission s'est bien effectuée au fil des siècles...

Les textes originaux de la Bible, Ancien comme Nouveau Testaments, n'existent plus. Mais nous possédons des copies fort anciennes qui sont précieusement conservées dans des bibliothèques ou des musées. Ce sont sur elles que les savants se basent pour rechercher le meilleur texte possible. Cependant, il ne s'agit, dans les meilleurs des cas, que de copies de copies, qui présentent parfois entre elles de petites divergences. C'est pourquoi, à défaut de posséder les originaux, on peut se demander si, au moins les copistes ont été fidèles aux textes qu'ils avaient à recopier.

La vie des manuscrits

Globalement, la réponse est affirmative, car les copistes avaient un très grand respect du texte sacré. Leur désir le plus vif était de fournir à leurs lecteurs des copies aussi fidèles que possibles des originaux qu'ils avaient entre les mains. Les libertés qu'ils ont pu prendre avec le texte sont, somme toute, limitées. Et, en tout cas, les quelques différences qu'on peut constater ne sont jamais des trahisons.

Ces petites divergences qui existent entre les diverses copies des mêmes textes que nous possédons est d'ailleurs à relativiser. En effet, des spécialistes étudient avec une extrême minutie, et maintenant à l'aide d'ordinateurs puissants et performants, les centaines de manuscrits qui existent à travers le monde, du livre complet au moindre fragment. En comparant ces manuscrits entre eux et avec les différentes traductions anciennes à leur disposition, ils peuvent reconstituer le texte le plus ancien, et donc le plus proche de l'original. Des travaux des spécialistes, il ressort que l'essentiel du texte biblique est bien établi, et même beaucoup mieux que les textes des grands auteurs classiques grecs et latins dont personne ne songe à mettre en doute l'authenticité. De ce point de vue, on peut faire confiance au texte biblique (voir encadré, page 19).

Les langues de la Bible et les traductions anciennes

L'Ancien Testament nous transmet des textes en provenance du peuple d'Israël. Pour la plupart, ils ont été écrits en hébreu. Quelques passages sont cependant en araméen, et quelques livres tardifs ont été écrit directement en grec.

Le Nouveau Testament a été totalement rédigé en grec, la langue internationale de communication au temps des premiers chrétiens. Mais il a fallu plusieurs décennies avant d'aboutir au texte qui sera transmis ensuite au long des siècles et qui est celui que nous lisons aujourd'hui.

L'Ancien Testament a été tout d'abord traduit entièrement en grec pour les communautés juives dispersées dans les pays du bassin méditerranéen et particulièrement à l'intention de celles d'Égypte. Parmi les traductions grecques, la plus connue est celle des "Septante", ainsi appelée car, selon la légende, elle aurait été l'œuvre de soixante dix personnes qui, toutes, auraient traduit de la même façon à la virgule près. Cette traduction aurait été faite à partir d'un texte hébreu disparu et légèrement différent de celui que nous connaissons. Pour les chrétiens, cette traduction est à la fois vénérable et importante, car elle a été très utilisée par les premiers chrétiens et les évangélistes.

Puis, le latin ayant remplacé le grec comme langue usuelle en Occident, saint Jérôme, au 4e siècle, traduisit la Bible, Ancien et Nouveau Testaments, en latin. Sa traduction a reçu le nom de "Vulgate", d'un mot signifiant "populaire". Ce fut longtemps la traduction officielle de la Bible dans l'Église catholique, et elle a constamment été utilisée dans la liturgie.

Un problème se pose pour l'Ancien Testament. Sur quel texte se baser aujourd'hui pour le traduire : le texte hébreu, ou la traduction grecque de la Septante ? Ces dernières décennies, on a opté pour le texte hébreu, appelé aussi "texte massorétique". Pourquoi "massorétique" ? En hébreu on ne marque, par écrit, que les consonnes, ce qui, parfois, peut entraîner des confusions. Pour éviter ce risque, un groupe d'experts juifs, les Massorètes, vers les 6e-7e siècles après Jésus-Christ, a mis au point un système de points, ajoutés au-dessus ou au-dessous des consonnes pour indiquer les voyelles à utiliser.

Mais, si les spécialistes se réfèrent toujours au texte massorétique, ils utilisent aussi constamment la traduction grecque de la "Septante". La traduction latine de saint Jérôme, la "Vulgate", de par sa longue utilisation dans l'Église, reste toujours un texte de référence. Toutes les très anciennes traductions, en diverses langues anciennes, sont également prises en compte.

Les traductions actuelles en France

Si on peut faire confiance aux éditions modernes du Texte Massorétique, de la Septante, de la Vulgate et de texte grec du Nouveau Testament, peut-on accorder la même confiance aux traductions en français dont il existe de multiples éditions, parfois fort différentes dans le ton et le style ? La réponse est globalement oui. Faites par des spécialistes compétents et réputés, elles sont, dans l'ensemble, excellentes (1).

Pourquoi cette diversité dans les éditions de la Bible en français ? Une Bible peut se présenter différemment selon l'usage qui lui est assigné. Une Bible destinée à la liturgie doit être traduite dans un langage facile, avec des phrases courtes. En revanche, une Bible pour professeurs ou étudiants en théologie ou en exégèse sera nécessairement différentes : plus "scientifique", elle aura davantage de notes spécialisées, et ne craindra pas les termes et références techniques... alors qu'une Bible pour une population dont le vocabulaire est réduit cherchera à n'utiliser qu'un minimum de mots.

---

(1) Une seule exception notable : la traduction distribuée par les Témoins de Jéhovah. Ce texte est une traduction de traduction, et la manipulation de certains passages en vue de justifier les croyances des Témoins est manifeste. Un chrétien ne peut donc pas lui faire confiance.

Dans les pays francophones, de nombreux biblistes professionnels ont fait un travail considérable (souvent dans des groupes interconfessionnels) pour faciliter l'accès de la Bible au plus grand nombre dans des éditions françaises de grande qualité. La Bible de Jérusalem a été le point de départ d'une multitude de traductions étrangères. La Traduction œcuménique de la Bible reste à ce jour, dans le monde, la seule traduction qui ait été, de bout en bout, une entreprise œcuménique.

Le travail de traduction est toujours à reprendre. Nos langues, en effet, sont vivantes. Elles évoluent sans cesse : des mots changent parfois de sens, d'autres disparaissent au profit de mots nouveaux. Et, par ailleurs, de nouvelles découvertes historiques et scientifiques, ainsi que l'évolution de la réflexion théologique et de la culture, invitent constamment les spécialistes à remettre leur travail en chantier.

La liste officielle des livres de la Bible

Qui a décidé de l'entrée de tel ou tel livre dans la Bible ? Ce sont tout simplement les communautés chrétiennes qui progressivement ont arrêté la liste officielle (on dit souvent le "canon") des Écritures : seuls les livres qui avaient autorité dans l'ensemble des communautés ont été retenus. Les autres ont été exclus (on les appelle, chez les catholiques, les "apocryphes"). Des listes des livres de la Bible les plus utilisés avaient été établies dans les premiers siècles de l'Église. L'une d'entre elles, établie à Rome entre 165 et 185, est restée célèbre sous le nom de "Canon de Muratori". En 1546, le concile de Trente a arrêté définitivement la liste des textes que l'Église catholique considère comme "Écriture Sainte".

Au total, pour l'Ancien Testament, l'Église catholique établit une liste de 46 livres, alors que les protestants n'en acceptent que 39. Les sept livres mis à part sont appelés "deutéro-canoniques" par les catholiques, c'est-à-dire entrés dans le canon en deuxième lieu. Ces livres sont les suivants : Tobie, Judith, Sagesse, Siracide, Baruch - y compris la lettre de Jérémie - et certaines sections d'Esther et de Daniel. Pour le Nouveau Testament, les protestants et les catholiques on retenu la même liste de 27 livres.

Mais il y a d'autres différences avec le canon de la communauté juive. La tradition juive actuelle, en effet, ne reconnaît pas les livres écrits en grec. La communauté chrétienne éthiopienne, quant à elle, reconnaît quelques livres supplémentaires. Cependant, ces légères différences n'affectent pas l'ensemble de la Bible. Elles sont au contraire un signe de la vitalité de la Bible qui est une "Bonne Nouvelle" avant d'être une collection de livres.

La Bible n'existe pas à l'état pur et c'est tant mieux. Elle est le produit d'une communauté, elle est reçue, lue dans une communauté, elle est transmise par une communauté. Elle a reçu ainsi la patine du temps. On ne peut pas séparer la Bible de la communauté. Loin d'être un handicap, la diversité est une richesse et correspond à ce qu'est la Bible.

À la recherche du texte original...

Pendant longtemps, les manuscrits les plus anciens que l'on possédait des textes de l'Ancien Testament étaient seulement du 10è siècle après J.-C. L'écart avec les originaux était donc de plus de mille ans, ce qui n'avait rien d'extraordinaire, puisqu'on rencontre des intervalles de temps beaucoup plus importants pour de nombreux textes de l'Antiquité : pour Platon, l'écart est de treize siècles, pour Euripide de seize, pour Homère de vingt ! Mais, lors de la découverte des manuscrits de la Mer morte, en 1947, l'étude minutieuse d'un rouleau du livre d'Isaïe, et divers fragments d'autres livres de la Bible, datant du 1è siècle avant notre ère, a permis une comparaison très instructive avec le texte du 10è siècle après J.-C. : ces deux copies, pourtant séparées par dix siècles, étaient massivement identiques et on trouvait à mille ans de distance les mêmes obscurités dans certains passages. On savait que les copistes recopiaient le texte "sacré" avec un infini respect : la confirmation en était faite !

Aujourd'hui, on dispose d'environ 5 000 manuscrits, sur papyrus ou parchemins, contenant tout ou partie du Nouveau Testament et s'échelonnant du 2è au 16è siècle. Plusieurs centaines sont antérieurs à l'an 1000. Tous ces manuscrits sont étudiés et comparés, notamment à l'aide d'ordinateurs. Les chercheurs scrutent les différences entre tous ces documents. Ces variantes sont nombreuses : il y en a environ 300 000 pour les manuscrits du Nouveau Testament, mais elles ne modifient guère le contenu ou le sens des textes.

Les résultats de ces travaux permettent d'affirmer que l'on accède actuellement aux textes primitifs dans des conditions de fidélité tout à fait satisfaisantes.

D'après Gérard Bessière, dans *"La Bible et son histoire"*, Fêtes et Saisons n° 478 (octobre 1993).

Une histoire "sainte"

« Ce n'est pas ce qu'on fait qui compte, c'est la façon dont on le raconte pour le faire savoir ». Cette réflexion est parfaitement juste. Entre un événement et ce qu'on dit de lui, il y a nécessairement une distance. Chacun parle de ce qui s'est passé avec ce qu'il est, sa sensibilité, ses intérêts. Cela est vrai aussi pour la Bible : il ne reste de l'événement que les traces laissées par ceux qui le racontent.

« Alors, que s'est-il passé exactement ? » Cette question, sous mille formes, revient constamment dans les groupes bibliques. Moïse a-t-il réellement vu un buisson ardent ? La mer s'est-elle bien coupée en deux pour laisser passer les Hébreux avec Moïse lors de la fuite d'Égypte ? Jésus a-t-il vraiment chassé les vendeurs du Temple à coup de fouet ? Est-il vrai que des mages d'Orient sont venus se prosterner devant l'enfant Jésus ? ...

Une comparaison

Pour essayer d'éclairer cette question, commençons par une comparaison. Un journaliste venait de rédiger un long article, et il éprouva le besoin de s'aérer. En ce temps d'automne il pensa qu'il serait agréable d'aller au bord d'un petit étang de Sologne qu'il aimait bien. Il n'y resta pas longtemps car ce jour-là le temps était exécrable. Le soir, déçu de n'avoir pu profiter pleinement de sa journée, il écrivit sur son carnet intime : « 24 octobre.... Temps affreux... Promenade près de l'étang Minette à Vannes-sur-Cosson... Je n'ai rencontré personne sauf un jeune homme et sa compagne. Assis sous un arbre, ils semblaient discuter avec passion, apparemment indifférents à la pluie ».

Ainsi deux jeunes gens le même jour, se trouvaient près du même étang. L'endroit leur rappelait les promenades qu'ils avaient fait ensemble, et ils s'y étaient rendus pour discuter de leur avenir car ils souhaitaient de plus en plus faire route ensemble. Ce jour-là, ils prirent la ferme décision de s'épouser. Le cœur en fête, ils restèrent un long moment en silence insensibles à la pluie et au vent.

Au soir de la fête célébrant leur cinquante ans de mariage, l'un des petits enfants, curieux, demanda à sa grand-mère quand elle avait décidé de se marier. La grand-mère fit un récit où il était question d'une belle journée de printemps, d'un grand soleil et d'un rendez-vous près d'un étang. La grand-mère avait oublié certains détails, notamment... le mauvais temps ! Mentait-elle ? Bien sûr que non. Simplement elle ne se rappelait que l'intense émotion vécue ce jour-là - son cœur était dans la joie lumineuse de l'amour - et les cinquante ans de bonheur qu'elle fêtait avec son époux et sa famille.

Plusieurs types de vérité

Un même événement, deux versions différentes. Qui a été le plus proche de la vérité, le journaliste ou la grand-mère ? Au niveau du fait brut, c'est le journaliste. Mais à un autre niveau, ce que dit la grand-mère est tout aussi vrai. Elle raconte ce qui s'est réellement passé pour elle ce jour-là. Son propos n'était pas de rapporter objectivement les circonstances extérieures de cette journée, mais simplement de témoigner de son bonheur passé et présent. De ce point de vue, même si son souvenir d'une journée ensoleillée était matériellement faux, elle était profondément fidèle à ce moment unique qui avait engagé le reste de sa vie.

La vérité comporte plusieurs aspects. Celle du journaliste consiste ici à évoquer fidèlement, objectivement, ce qui s'est passé, un peu à la manière d'une caméra de télévision. C'est la vérité du reportage à chaud. La grand-mère, elle, s'attache à ce qui se passé en profondeur pour elle ce jour-là. Cette dernière sorte de vérité a besoin de temps pour s'exprimer : elle n'apparaît pas toujours à l'œil nu. Celui qui vit une révolution à sa fenêtre en a une vision limitée. Sa vérité n'a pas la même qualité que celle de l'historien qui raconte la même révolution après avoir longuement analysé documents et témoignages. Mais, d'une autre façon, elle est aussi importante.

Et la Bible ?

La vérité de la Bible s'apparente plus à celle de la grand-mère qu'à celle du reporter. La description exacte et froidement objective du déroulement des événements n'est pas le but premier des rédacteurs de la Bible. Un peuple a vu dans son histoire la présence d'un Dieu sauveur et en témoigne. La Bible est d'abord ce témoignage de foi. Des croyants y rappellent les grands moments de l'histoire de leur peuple et racontent, pour leurs lecteurs, la fidélité du Dieu sauveur auquel ils font totalement confiance. Ils n'ont aucune prétention à faire de la reconstitution historique. Aussi ne faut-il pas s'étonner s'ils sélectionnent, enjolivent, reprennent ou modifient les faits qu'ils racontent. Sans compter qu'aux époques anciennes où fut écrite la Bible, les écrivains, n'avaient pas nos exigences actuelles de rigueur et d'objectivité pour décrire les faits.

Mais, objectera-t-on alors, dans ce cas, est-il encore possible de faire confiance à la Bible ? Ne se transforme-t-elle pas en recueil de légendes où les faits n'ont plus d'importance en eux-mêmes et servent seulement de point de départ à la fantaisie des conteurs ?

Non, car ceux qui ont écrit la Bible sont loin de raconter ou d'inventer n'importe quoi en laissant libre cours à leur imagination. À la base de ce qu'ils nous rapportent, un peu comme la grand-mère dans la comparaison précédente, il y a toujours des faits bien réels auxquels ils se raccrochent constamment.

Les récits de la Genèse

Dans la même perspective, on se rend bien compte que le but des deux récits bibliques du commencement du monde, (Genèse 1-3), n'est pas d'expliquer scientifiquement ce qui s'est passé. Ils dépendent tout d'abord des connaissances "scientifiques" très limitées qui étaient disponibles à l'époque où ils furent rédigés. Leurs rédacteurs furent influencés par les cultures ambiantes : le premier récit par des œuvres littéraires babyloniennes et le second par l'ancienne épopée de Gilgamesh. Enfin et surtout, leur souci était essentiellement de transmettre un message spirituel, et nullement un message scientifique. Inutile donc de chercher dans ces textes le reportage scientifique de la création de l'univers et de l'homme !

Il en va de même du récit du déluge universel qui a largement emprunté, en l'adaptant à son message spirituel, un autre passage de l'épopée de Gilgamesh. Tout comme pour les récits de la création, des croyants y expriment leurs convictions : ce monde vient de Dieu; il est donné à notre responsabilité; Dieu n'est pas un rival de l'homme; Il n'y a qu'un seul Dieu en Israël.

Autre exemple : les récits sur les patriarches en Genèse 11-50, ont été composés sur la base de récits transmis d'abord oralement de génération en génération; ils comportent tous un fond historique. Chaque groupe avait conservé le souvenir lointain de son ancêtre et des figures illustres de son histoire. Lors de la fusion progressive des groupes en une nation, ces récits ont été collés et organisés entre eux pour obtenir un début d'histoire nationale. Dans ce travail de montage, des parties ont été éliminées, d'autres amplifiées ou ajoutées après coup. On le constate, il est très difficile aujourd'hui de retrouver les contours précis de tel ou tel événement évoqué dans les chapitres de la Genèse.

Les grandes étapes de l'histoire d'Israël

Les récits biblique sur la sortie d'Égypte, la conquête de la terre promise et la royauté, comportent quantité de noms propres et d'indications de lieux et de temps. Grâce à ces indications, aux événements évoqués dans ces livres, en se basant aussi sur les livres prophétiques, les historiens parviennent à reconstituer l'histoire du peuple d'Israël. Leurs recherches s'alimentent aussi à des sources non bibliques. Et ces documents littéraires, géographiques, archéologiques ou autres, sont nombreux.

Voici, à gros traits, comment les historiens reconstituent les principales étapes de l'histoire du peuple de la Bible. Vers 1250 avant Jésus-Christ, un groupe réussit à s'échapper d'Égypte et à parvenir en terre de Canaan. Là il s'unit avec d'autres groupes de même souche. Peu à peu, ils s'organisent et prennent le pouvoir sur l'ensemble du territoire. Pour pouvoir résister aux pressions extérieures, ils s'organisent en royaume. Vers l'an 1000, David réussit à prendre le trône et à réunir en un seul royaume les groupes du nord et du Sud. La lutte pour sa succession est âpre. Salomon, un de ses fils, lui succède mais, vers la fin de sa vie, les rivalités entre nord et sud se réveillent. À sa mort, le royaume se scinde en deux. Le royaume du nord meurt vers 721 sous la pression des Assyriens. Ne reste plus que le petit royaume du Sud, Juda, qui tombe à son tour vers 587 sous le coup des Babyloniens. Une partie de la population est exilée. Après cinquante années, grâce aux Perses cette population peut retourner dans son pays, mais un pays qui est désormais occupé successivement par les Perses, les Grecs et les Romains...

Le cadre de l'histoire biblique est ainsi parfaitement établi. Les découvertes archéologiques sur les sites de la Terre Sainte le confirment. Mais ceux qui ont écrit la Bible ont fait un choix parmi les événements qu'ils évoquent, insistant sur les uns, faisant silence sur les autres. Leur visée est de réconforter la foi et l'espérance de leurs concitoyens. Pour cela, ils vont utiliser les récits, les chants, les cantiques de leur pays, les premières archives nationales à la gloire des rois régnants.

Ils orientent ces souvenirs de façon à communiquer leurs convictions de foi à leurs lecteurs. Ils font de l'histoire "sainte". Dans cette expression, l'adjectif "sainte" est premier. Les rédacteurs de la Bible restent fidèles à ce qu'ils savent de leur peuple, de ses traditions, de la relecture des événements, de l'histoire.

Les textes prophétiques

Les textes prophétiques nous livrent la prédication d'hommes religieux qui ont surgi en Israël tout au long de son histoire afin rappeler le peuple à la fidélité à son Dieu.

Leur prédication a marqué leur époque; des disciples l'ont recueillie. Là un choix s'est effectué. Seule a été conservée la prédication qui pouvait encore être utile ou que l'on pouvait réactualiser. Des rassemblements, des recoupements de textes ont vu le jour. Des éléments ont été gommés, d'autres ajoutés.

C'est ainsi que dans le livre d'Isaïe, les spécialistes reconnaissent le regroupement de la prédication de trois prophètes principalement, sans compter les nombreux petits passages qui proviennent d'autres sources. Les textes prophétiques ne sont donc pas la transcription matérielle de la prédication prophétique, mais le résultat de tout un travail où s'exprime la vie des communauté qui les ont reçues.

Et le Nouveau Testament ?

Les évangiles ne sont pas des reportages d'actualité. Ils racontent d'abord cet événement qui a surpris tous les disciples : Jésus qui a été mis à mort et cloué sur une croix, et dont le cadavre a été déposé dans un tombeau, est ressuscité. Jésus se trouve près de Dieu et ouvre les temps nouveaux; premier-né d'entre les morts, il viendra à la fin des temps dans sa gloire.

C'est à la lumière de l'événement de la Résurrection que les premiers chrétiens organisent les souvenirs de la vie de Jésus de Nazareth pour en composer un récit. Ils ne retiennent pas tous les faits et gestes de Jésus comme le reconnaît l'évangéliste Jean. Ils se rappellent les derniers jours à Jérusalem, la passion de Jésus sans laquelle on ne peut comprendre la résurrection, et ils choisissent ensuite des épisodes de sa vie, et les organisent en fonction des communautés auxquelles ils s'adressent.

Les évangélistes ne sont pas des archéologues mais des croyants qui veulent conforter la foi des jeunes communautés chrétiennes. La persécution, le règlement des conflits entre chrétiens, la formation des nouveaux baptisés, l'enseignement, la liturgie, le culte, sont autant de préoccupations des premières communautés chrétiennes. C'est en partie pour y répondre que naissent les évangiles.

La vérité des évangiles

La vérité que les évangiles cherchent à transmettre, est la foi des premières communautés chrétiennes. Ils sont parfaitement fidèles à ce qu'a véritablement vécu Jésus de Nazareth, sa mission, son témoignage, sa vie et sa mort. Un historien pourrait leur reprocher de n'être pas totalement exact à la réalité matérielle des faits. Chez les trois premiers évangélistes par exemple, Jésus ne se rend qu'une seule fois à Jérusalem au cours de son activité de prédicateur. Or il semble bien que

Jean ait raison en mentionnant plusieurs voyages de Jésus dans la capitale. Jésus, comme les gens de son pays, s'est certainement rendu plusieurs fois en pèlerinage dans la ville sainte. Mais ces inexactitudes matérielles importent peu car les évangiles ne sont pas un reportage pris sur le vif. Ils ont transmis en toute fidélité les convictions qui ont animé Jésus de Nazareth durant toute sa vie, lui qui a été crucifié sous Ponce Pilate et dont les disciples affirment la résurrection et la présence mystérieuse dans l'Église.

Lorsqu'ils parlent de Jésus, les évangélistes font en sorte que le lecteur puisse reconnaître en lui, le Christ, le Ressuscité. Après sa guérison, la belle-mère de Pierre, selon les récits de Marc et de Luc, sert les disciples. Chez Matthieu, elle sert celui qui vient de la "ressusciter". Chez Luc, Jésus menace la fièvre et se tient au-dessus de la malade comme pour la dompter. C'est le même mot "menacer" qu'il utilise pour la tempête apaisée. Luc suggère ainsi qu'il s'agit d'une lutte contre le mal. La leçon est claire : le Seigneur nous ressuscite, nous délivre du mal, nous sauve. À partir d'un fait, la guérison par Jésus de la belle-mère de Pierre, chacun des trois évangélistes fait une relecture croyante à l'adresse de sa communauté.

L'évangéliste Jean n'a pas craint de développer les paroles de Jésus en de longs discours qui n'ont sans doute jamais été prononcés tels quels. Ce faisant, il reste parfaitement fidèle à la prédication de Jésus : il écrit pour des chrétiens, et les discours qu'il reconstitue sont pour lui l'occasion de résumer toute la prédication de Jésus relue à la lumière de Pâques et en fonction des préoccupations de ses destinataires.

La vérité de foi

Les textes bibliques ont été écrits par des croyants désireux d'affirmer et de transmettre leurs convictions, et soucieux, en outre, de réconforter et d'exhorter leurs lecteurs à se rapprocher de Dieu. Et leurs récits ont été transmis, adaptés à chaque génération, pour chaque génération.

Les écrivains bibliques ne sont pas des historiens ou des journalistes professionnels. Encore moins des scientifiques confirmés et extrêmement compétents dans leurs domaines, à l'image de ceux que nous connaissons aujourd'hui. Ils se préoccupent de faire comprendre que le monde, l'humanité sont l'œuvre d'amour de Dieu. Ils veulent enseigner leurs lecteurs, avec sûreté, sur la foi du peuple d'Israël qui découvre peu à peu son Seigneur Dieu, le Dieu unique qui aime avec passion les hommes et veut leur bonheur. Un Dieu qui a horreur de l'injustice et de la corruption. Un Dieu qui s'identifie avec les plus pauvres. Un Dieu qui nous aime tant, qu'il se fait notre propre frère en Jésus-Christ. Cette vérité de foi est indiscutable. On n'y trouve pas d'erreur. En ce sens la Bible dit la vérité.

Les difficultés s'éloignent

Si l'on admet que la Bible raconte d'abord la foi d'un peuple, qu'elle est une "histoire sainte", les difficultés évoquées dans le premier chapitre s'estompent. Et on comprend pourquoi il est vain de chercher à justifier l'injustifiable. Inutile, par exemple, d'expliquer l'aventure de Jonas, ou d'aller chercher sur les monts Ararat les restes de l'arche de Noé ou encore de gommer les différences entre les évangiles !

Les invraisemblances et erreurs apparentes des textes bibliques servent le propos de leurs auteurs. Ainsi, la lutte de David contre Goliath illustre cette conviction que rien n'est impossible pour celui qui a Dieu à son côté. Le buisson ardent qui ne brûle pas est une image splendide de la divinité comme un feu qui ne s'épuise pas et qui se manifeste tout en restant caché.

Autre exemple : Matthieu termine la parabole des invités au festin, où tout le monde est invité, par cette phrase terrible et apparemment contradictoire : « Il y a beaucoup d'appelés, mais peu d'élus ». Pourquoi ? En vérité, Matthieu veut illustrer le paradoxe de la foi chrétienne : c'est bien Dieu qui sauve et lui seul, et il convoque tout le monde à entrer dans la salle des convives. Cette conviction n'est pas une raison pour ne plus rien faire et attendre passivement le salut donné par Dieu. Matthieu insiste donc sur l'action des chrétiens pour correspondre à ce salut. Les invités doivent porter le vêtement de noces sinon ils seront rejetés. La contradiction n'est qu'apparente si on l'éclaire par le message que veut faire passer l'évangéliste.

Les nombreuses répétitions et longueurs dans les livres bibliques prennent sens également, si on essaie de percevoir l'élément de foi qu'ils soulignent. Les lois, nombreuses et minutieuses, du Lévitique font comprendre que tous les secteurs de la vie doivent être imprégnées par la foi. Les généalogies du livre de la Genèse, comme les longues listes des familles dans le livre des Nombres, invitent à prendre conscience de la dimension collective et solidaire de l'aventure religieuse qui n'est pas simple affaire individuelle.

Les exagérations manifestes, les invraisemblances criantes, ou les constantes répétitions dans les textes bibliques, tout comme les apparentes incohérences, sont finalement des moyens, pour les rédacteurs bibliques, d'attirer l'attention de leurs lecteurs sur des points essentiels de leurs témoignages.

Ainsi, le fait que Bartimée, l'aveugle, bondisse et se rende près de Jésus alors qu'il ne voit pas, illustre le propos du récit où est mise en relief la foi de l'aveugle : lui seul découvre qui est vraiment Jésus (Marc 10).

Si on a bien compris cela, on se rend compte qu'on peut faire totalement confiance à la Bible. Seulement la vérité de la Bible n'est pas celle des historiens ou des scientifiques. Elle est de l'ordre de la foi, et elle s'inscrit au cœur de l'aventure des croyants qui se déroule dans l'histoire.

La Bible n'est pas un livre de science

Malgré les apparences, la Bible n'est pas dans l'erreur lorsqu'elle raconte que Dieu a créé le monde et l'homme en six jours. Tout simplement parce qu'elle n'est pas un ouvrage scientifique. Les deux récits de la création du monde que nous trouvons dans le livre de la Genèse parlent de la création dans le langage et avec les idées de l'époque où ces récits se sont formés. Voilà pourquoi les images bibliques utilisées dans ces textes ne correspondent pas à la réalité scientifique, ce qui ne les empêche pas de nous dire des vérités très profondes sur cette création du monde. Mais ces vérités sont de l'ordre de la foi.

L'idée chrétienne de création

En disant que Dieu a créé l'univers, la Bible ne fait aucune révélation de type scientifique. Elle affirme seulement que, dans son origine comme dans son évolution, le monde ne se suffit pas à lui-même et ne s'explique pas par lui-même. Il dépend de Dieu. Il est l'objet d'un acte créateur continu de Dieu sans lequel le monde ne pourrait exister.

Mais ce n'est pas tout. Dans son langage spécifique, la Bible affirme également que Dieu a aussi créé ces êtres conscients, autonomes et responsables de leur existence et du monde que sont les hommes. Des hommes qu'il invite à entre en Alliance avec lui.

Sur tout ceci, voir dans la même collection : *"La création du monde, Dieu et la science"*, Cerf, collection : "Les Carnets de Fêtes et Saisons", n° 13.

Un Dieu vengeur ?

« Car éternel est son amour!
Il a jeté à la mer les Égyptiens.
Car éternel est son amour !
Ils sont tombés au fond de l'eau comme une pierre.
Car éternel est son amour ! »...

Dans la cathédrale, au cours de la veillée pascale, l'assemblée chantait à pleine voix ce Psaume 136 décrivant ces scènes d'horreur invariablement ponctuées par ce refrain : « Car éternel est son amour !». Quel est donc ce Dieu qui exige la mort des uns pour assurer la délivrance et le bonheur des autres ?

Certaines paroles de l'Écriture, certaines actions attribuées à Dieu, scandalisent par leur dureté.

Pourquoi Dieu endurcit-il le cœur de Pharaon pour retenir le peuple en Égypte ? Pourquoi Dieu envoie-t-il son prophète en lui annonçant l'insuccès absolu de sa prédication : « Engourdis le cœur de ce peuple, appesantis ses oreilles, colle-lui les yeux ! Que de ses yeux il ne voie pas, ni n'entende de ses oreilles! Que son cœur ne comprenne pas ! » (Isaïe 6,10).

Les évangiles eux-même comportent des affirmations tout aussi sévères : « Il y a beaucoup d'appelés et peu d'élus ! » (Matthieu 22,14) ou encore : « Le Fils de l'homme enverra ses anges; ils ramasseront tous ceux qui commettent l'iniquité, et ils les jetteront dans la fournaise de feu; là seront les pleurs et les grincements de dents » (Matthieu 13,41-42).

Certaines scènes sont insoutenables. Pourquoi Dieu exige-t-il d'Abraham qu'il sacrifie son fils unique ? Pourquoi la victoire d'Élie exige-t-elle le massacre des 400 prophètes de Baal ? Comment accepter les cris de fureur, de vengeance, de menace et toutes ces guerres en vue de la conquête de la terre promise ? L'Ancien Testament, surtout, laisse parfois une impression amère : on présente Dieu sous les traits d'un guerrier menaçant son peuple, laissant faire des exactions, les provoquant même parfois. Comment croire en ce Dieu vengeur, jaloux, un Dieu à l'image des hommes avec leurs pires défauts ?

Est-il juste encore que, dans la parabole des ouvriers de la dernière heure, ceux qui ont travaillé peu de temps aient la même rémunération que ceux qui ont peiné toute la journée ? Pourquoi Jésus fait-il l'éloge de la malhonnêteté dans la parabole du gérant qui trompe son maître ?

Comment expliquer cette image, somme toute fort négative, que nous présente trop souvent la Bible ?

Le langage d'une époque, le langage de la vie

Il faut tout d'abord bien voir que les rédacteurs de la Bible sont marqués par leur culture. Ils parlent de Dieu en lui prêtant des sentiments humains - pas toujours les meilleurs ! - et en utilisant des images, des façons de dire ainsi que des expressions de leur temps. On ne peut leur en vouloir de s'exprimer parfois d'une manière qui nous paraît, aujourd'hui, fort malhabile et inadéquate : comment faisons-nous, nous-même, actuellement, pour parler de Dieu ? Nous utilisons nécessairement les formules et les mots de notre vocabulaire que nous estimons les meilleurs et les plus adéquats pour exprimer ce que nous pensons à son sujet. Est-ce toujours exact ? Non, car Dieu est le "Tout-Autre", et on ne peut jamais l'enfermer dans les mots finis de nos vocabulaires humains.

Il en allait de même au temps où ont été rédigés les livres de la Bible, et il nous appartient de savoir percevoir, derrière ce langage issu de civilisations très anciennes et différentes de la nôtre, la haute idée de Dieu dont il témoigne. Mettre en scène un Dieu jaloux, c'est en réalité, pour les hommes de l'Ancien Testament, parler d'un Dieu qui aime son peuple et ne peut admettre l'infidélité, c'est faire comprendre aux lecteurs à quel point Dieu les aime. De même la colère de Dieu n'a pas pour fonction de nous renseigner sur un défaut de Dieu, mais de rappeler que certaines actions sont incompatibles avec la foi en Dieu. Lorsque ce dernier se met en colère parce que les riches exploitent les plus faibles, c'est pour indiquer qu'il est toujours aux côtés des pauvres et des démunis. C'est une façon de dire que Dieu exige la solidarité, le partage et la justice chez ceux qui se réclament de lui. Les menaces de Dieu envers son peuple démontrent l'intérêt de Dieu pour son peuple. Ce sont des cris d'amour déçu.

Il faut bien repérer ce paradoxe si on veut comprendre correctement la Bible : si elle nous présente parfois un Dieu vengeur, cela ne signifie pas que la vengeance soit le visage véritable de Dieu. Bien au contraire. C'est en réalité une façon d'appeler à la fidélité. Si les rédacteurs de la Bible font intervenir Dieu parfois brutalement, c'est pour indiquer qu'il y a urgence à changer de vie et à vivre selon sa loi d'amour.

Les guerres, un lot quotidien

Dans la Bible s'expriment des croyants, des êtres de chair et de sang, qui ont eu à se débattre pour survivre. Israël est un petit peuple, coincé par la mer à l'ouest, le désert à l'est. Son pays est le passage obligé entre les deux grandes puissances du voisinage, l'Égypte au Sud, les Assyriens et les Babyloniens au nord. D'où des guerres incessantes, et une violence toujours plus ou moins présente. Dans ces conditions, on comprend facilement que le vocabulaire guerrier ait été fréquemment utilisé dans la Bible, y compris pour parler de Dieu, le but étant moins de parler de Dieu en lui-même, que de faire choc auprès des lecteurs et de les faire réagir.

La Bible est un tout

Il a aussi fallu du temps à ces gens pour approfondir ce qu'ils vivaient. C'est très lentement et très progressivement que le peuple d'Israël a compris que le Dieu auquel il croyait est un Dieu d'amour. Et, pour les chrétiens, la venue de Jésus parmi les hommes parachèvera cette révélation essentielle.

La Bible est une véritable bibliothèque où les livres s'éclairent les uns les autres, se corrigent, se complètent. La vérité de foi ne se trouve pas exclusivement dans l'un ou l'autre de ces livres. Elle se découvre au rythme lent de l'histoire, chaque étape apportant des nouveaux éléments de réflexion et de méditation. Il a fallu passer par biens des étapes, notamment celle d'une conception un peu étonnante de Dieu comme quelqu'un de dur, de jaloux et de cruel, pour arriver à découvrir, ce qui se dessine et s'affirme dans l'Ancien Testament : Dieu est un Dieu d'amour, de justice et de paix.

Cette évolution est intéressante : elle montre bien qu'on ne peut pas enfermer Dieu dans des formules toutes faites, et qu'il faut toujours, aujourd'hui comme hier, et à l'aide d'une méditation constamment renouvelée de la Bible lue en Église, être attentif à ce qu'on en dit pour éviter toute dérive et toute présentation erronée, et donc dangereuse.

Une lecture plus riche

Tout ceci montre bien qu'il n'y a pas réellement d'opposition entre le Dieu de l'Ancien Testament et celui de Jésus-Christ. C'est bien le même Dieu, mais il se découvre progressivement dans le témoignage des croyants. C'est un Dieu d'amour, passionné par les hommes, et qui veut leur bonheur.

Il a fallu beaucoup de temps pour que les croyants découvrent ce Dieu et mettent en pratique, vaille que vaille, l'idéal qu'il propose. Encore aujourd'hui, il nous faut du temps aussi pour le comprendre et pour en vivre, pour mettre en pratique ce qu'ont découvert nos prédécesseurs dans la foi et cheminer, à notre tour, et parfois bien péniblement, vers Dieu.

La Bible est-elle parole de Dieu ?

***« Acclamons la Parole de Dieu !».* À la messe, chaque dimanche le célébrant fait cette invitation tout en présentant solennellement le livre où il vient de lire le texte d'Évangile. N'y a-t-il pas un abus de langage à qualifier ainsi de "Parole de Dieu" un livre, la Bible, dont on a vu dans les chapitre précédents qu'il est très humain ?**

Non, ce n'est pas un abus de langage de qualifier la Bible de "Parole de Dieu", car elle est bien révélée et indiscutablement, pour le croyant, inspirée par Dieu. C'est une donnée de foi.

Une fausse interprétation

Il arrive, parfois, qu'on se fasse des idées tout à fait fausses lorsqu'on réfléchit à la Bible comme "Parole de Dieu". Ainsi certains croyants, qu'on appelle "fondamentalistes", estiment qu'à partir du moment où on affirme que la Bible est Parole de Dieu, elle doit être prise et interprétée "au pied de la lettre". Ainsi, disent-ils, si la science s'oppose à certaines affirmations de la Bible, c'est la science, et non la Bible, qui est fausse. Pour eux, la création du monde s'est bien déroulée en six jours, comme le raconte le livre de la Genèse, Jonas a effectivement survécu trois jours dans le ventre du poisson, et les patriarches d'avant Noé ont pu vivre sans problème plusieurs centaines d'années. Ils trouvent des arguments plus ou moins extravagants pour justifier leurs positions.

À l'opposé, la même lecture "fondamentaliste" engendre l'athéisme : on ne peut pas faire confiance à la Bible parce que nombre de ses affirmations sont manifestement erronées du point de vue scientifique ou historique. Puisque la création du monde n'a pas pu se faire en six jours, tout ce que peut raconter la Bible est sans valeur.

Or, nous l'avons déjà dit, la vérité de la Bible se situe ailleurs que dans l'exactitude historique ou scientifique. Elle est d'un autre type. Elle concerne la foi. Lorsqu'on affirme que la Bible est "Parole de Dieu", on se situe bien, et exclusivement, à ce niveau.

La Parole de Dieu

Dans cette expression : "Parole de Dieu", il y a tout d'abord le mot "parole". La parole sert à se faire comprendre des autres, à échanger, à leur répondre. Il y a ensuite le mot "Dieu". Autrement dit, Dieu veut échanger avec les hommes et se faire comprendre d'eux. La formule "Parole de Dieu" évoque bien un dialogue, une parole, celle de Dieu, qui répond à une autre parole, celle de l'homme.

Plusieurs difficultés apparaissent immédiatement. La première réside dans le fait que la Bible est un écrit et non une "parole" audible à l'oreille. La seconde vient de ce que Dieu est le "Tout-Autre", l'Inconnaissable. Il nous dépasse infiniment; nous ne le voyons pas, et nous ne pouvons jamais entendre sa parole comme celle d'un ami avec qui on discute. Dieu, bien sûr, n'est pas limité pour trouver des moyens pour nous parler tout en restant lui-même. Incontestablement, la Bible fait partie de ces moyens.

Une parole d'hommes

Mais si la Bible fait bien partie de ces moyens que Dieu utilise pour nous parler, une difficulté essentielle, déjà évoquée, rebondit : la Bible, comme les chapitres précédents l'ont montré, est un écrit humain. Les textes bibliques ont été composés par des hommes bien situés dans le temps et l'espace, et tributaires de la culture de leur époque et de leur région. Comment, dans ces conditions, peut-on affirmer, avec toute la tradition de l'Église, qu'elle est "Parole de Dieu" dans toutes ses composantes ?

Un témoignage de foi

La Bible témoigne de la foi des croyants qui, au fil des âges, ont découvert quc lcur Dieu est un Dieu qui les aime, un Dieu qui veut leur libération, un Dieu qui exige que le droit et la justice s'exercent partout. Ils disent leurs convictions de foi avec leur culture et leur personnalité, en utilisant les façons de s'exprimer de leur époque.

La Bible témoigne de cela. Elle témoigne de cette vitalité de la foi d'un peuple qui découvre progressivement que Dieu est unique, qu'il est le Dieu de l'univers, qu'il est un Dieu qui laisse les hommes libres et les invite dans son alliance pour plus de vie, pour une existence plus heureuse. Dans ce cri de foi, nous commençons à percevoir la Parole de Dieu.

Aujourd'hui encore, Dieu se fait entendre à travers l'expérience de ces croyants du passé qui ont écrit la Bible. Cette Parole nous est toujours adressée par l'intermédiaire de ces textes. Si les conditions actuelles ne sont plus les mêmes que du temps de Moïse, de David, de l'Exil, des premiers temps de l'Église, il n'en reste pas moins que nous avons à vivre du même esprit et dans la même vérité que nos ancêtres dans la foi. Nous recevons leur témoignage sur Dieu pour bâtir notre propre témoignage. Dans la Bible nous voyons comment nos ancêtres dans la foi ont fait face aux situations de leur époque. Leur convictions viennent renforcer et stimuler les nôtres. Dieu nous parle à travers eux, et c'est en ce sens que la Bible est sans contredit possible "parole de Dieu" pour le croyant.

Dieu parle aujourd'hui

Dieu, comme jadis, se communique à nous. Il le fait de mille façons. Dans les événements, dans la vie des communautés, Dans les frères... Pour les chrétiens, il se révèle de façon unique en Jésus-Christ, le Ressuscité.

La Bible s'insère dans cette Parole que Dieu nous adresse sans cesse. Elle permet aux communautés chrétiennes de lire cette Parole dans la vie quotidienne. C'est dans le va-et-vient entre les diverses dimensions de la vie chrétienne et la Bible que se découvre, dans la foi, la Parole de Dieu.

Pour le croyant, il n'est pas suffisant de lire et de comprendre la Bible. Il faut que la "Parole de Dieu" qu'on y perçoit le change, le transforme, le convertisse. Et cette conversion individuelle ne peut se faire sans l'aide de la communauté, l'Église, dans laquelle tous les croyants sont solidaires. La

Parole de Dieu ne peut produire pleinement son effet que dans la communauté qui lit les Écritures et les met en pratique. Le croyant est entraîné dans une grande aventure à la fois personnelle et ecclésiale.

Le statut particulier des "évangiles de l'enfance"

Les chapitres 1 et 2 des évangiles de Matthieu et de Luc se coulent dans un genre littéraire bien particulier, celui des récits d'enfance d'un grand personnage. Il s'agit de dévoiler la personnalité et la mission d'un grand personnage en racontant quelques anecdotes de son enfance. On dévoile par avance ce que l'on sait de la vie de cette personne. Une grande liberté est laissée au rédacteur qui peuvent s'éloigner des circonstances précises et matérielles des souvenirs à leur disposition. Dans le cas de Jésus, il est évident que Jésus est né et qu'il a été enfant ! L'histoire en ce sens est bien présente. Mais que les mages soient un moyen, chez Matthieu, d'annoncer l'universalité de l'œuvre de Jésus, ne doit pas étonner. La fuite en Égypte, ou plutôt la "sortie d'Égypte" de l'enfant Jésus, illustre parfaitement la conviction de Matthieu selon laquelle Jésus est le nouveau Moïse attendu, lui aussi "sorti d'Égypte", et qu'il vient, envoyé par Dieu, pour sauver son peuple.
Chez Luc, tous ceux qui parlent de Jésus le font au nom de Dieu puisqu'ils sont remplis de l'Esprit Saint. Les titres donnés à l'enfant Jésus sont ceux que les chrétiens donnent au Ressuscité au cours de leurs célébrations : Christ Seigneur, Fils de David, Lumière du monde, Prophète du Très-Haut. On sent ici l'influence de la foi pascale sur ces récits. La pratique cultuelle des chrétiens est nettement présente dans les deux premiers chapitres de l'évangile de Luc.

Quel intérêt pour nous aujourd'hui ?

Les manipulations génétiques, la menace du nucléaire, la pollution, le chômage, le sida... On ne voit pas en quoi la Bible pourrait apporter des éléments de solution à ces problèmes de notre planète en cette fin de 20ᵉ siècle. Comment les gens qui ont fait la Bible auraient-ils pu les imaginer? Leur témoignage n'est-il pas désuet ? À quoi peut donc servir de lire la Bible aujourd'hui ?

Riche d'une expérience humaine longue d'un millénaire, la Bible appartient à tout le monde. Elle fait partie du patrimoine de l'humanité. Elle a inspiré des œuvres d'art et de littérature dans de nombreux pays. Beaucoup de personnes étrangères à la foi juive ou chrétienne y font référence. Sa connaissance est très utile pour connaître les sources de la culture occidentale. Aujourd'hui, en France, des responsables de l'enseignement reconnaissent qu'il faudrait enseigner sérieusement la Bible dans les écoles.

Connaître la Bible de ce point de vue historique et culturel est tout à fait utile, voire indispensable. Mais, pour le croyant, ce n'est pas son principal intérêt. Pour lui, la Bible, est d'abord et avant tout "Parole de Dieu". Elle l'aide à vivre pleinement sa foi.

Une certaine distance

La Bible a été écrite il y a très longtemps et, en un sens elle n'est plus d'actualité. Les questions qu'elles traitent appartiennent au passé. Cette distance entre nous et la Bible est à respecter. C'est un leurre que de croire qu'il suffit d'ouvrir la Bible pour automatiquement trouver la solution à tous les défis de notre temps. Ce genre de lecture est proposé dans certains groupes chrétiens qui essaient de faire concorder les situations anciennes et actuelles. Ce n'est pas possible. Et c'est même dangereux, car cette attitude fait de la Bible une idole : Dieu serait à notre disposition et donnerait à coup sûr des réponses précises à chacun de nos problèmes. Ce n'est pas respecter la Bible que lui demander ce qu'elle ne peut donner. Ce n'est pas respecter Dieu que de l'enfermer dans les pages écrites d'un livre. Ceci est tout aussi vrai pour l'Ancien que pour le Nouveau Testament.

La foi chrétienne n'est pas une religion du livre

La Bible n'est pas le Coran. Ce dernier livre est considéré par les musulmans comme venant directement des cieux; il faut en accueillir chaque verset et chaque virgule comme dictés expressément par Dieu.

Le centre de la foi chrétienne est la personne de Jésus-Christ, Parole de Dieu et notre frère. Ce n'est pas un livre. La Bible n'est qu'un moyen. Certes, ce moyen est essentiel pour approfondir et vivre la foi au Christ, mais il n'est pas le seul. D'autres sont tout aussi essentiels comme la vie sacramentelle, la vie fraternelle, la prière, la solidarité avec les plus pauvres... La Bible est une chance qui nous est offerte pour accueillir et mettre en pratique la Parole de Dieu. Elle n'est pas la transcription d'une parole téléphonée transmise directement des cieux.

La Bible est nécessaire

La Bible nous transmet la Bonne Nouvelle du salut de Dieu pour l'humanité. Cette Bonne Nouvelle a d'abord été perçue par le peuple d'Israël dans son histoire, puis par tous les chrétiens qui se sont succédés au cours des siècles. Et il nous appartient justement de poursuivre dans cette voie. Nous avons, dans notre propre vie et à partir de notre propre expérience, à reconnaître Dieu présent dans notre existence. Et, à notre tour, nous en rendons témoignage.

La foi des croyants qui ont écrit la Bible inspire notre propre foi aujourd'hui. Lire la Bible, c'est rechercher ce témoignage de foi de nos prédécesseurs pour le confronter à notre propre expérience. Nous avons besoin du témoignage de la Bible pour fonder et vérifier la justesse de nos propres convictions. Pour affirmer, nous aussi, que Dieu continue à créer le monde, à parler dans l'histoire des hommes, à vouloir plus de justice et de paix dans notre monde, à susciter des prophètes et des artisans de paix.

Mais, bien sûr, si la foi est la même, la façon de la vivre est forcément différente, puisque les conditions d'existence ont totalement changé. Comme nos ancêtres dans la foi nous croyons que Dieu est créateur et qu'il est sauveur. Mais nous l'affirmons au vingtième siècle alors que les découvertes scientifiques produisent le bon comme le mauvais et mettent en danger la création et la vie des hommes. Les solutions à trouver pour rester fidèles à cette foi au Dieu qui nous confie le monde et veut le bonheur de l'humanité, seront nécessairement différentes de celles adoptées par les gens de la Bible.

Nous n'avons pas à copier les gestes des croyants qui s'expriment dans la Bible. Nous avons à copier leur foi et essayer de vivre cette même foi en fonction des urgences de notre époque. En ce sens, même si elle ne nous donne aucune solution pratique pour tenter de régler nos problèmes contemporains, la Bible est nécessaire : elle fonde la foi de l'Église et, par là même, notre foi. Elle nous invite à être, comme nos ancêtres dans la foi, des témoins actifs de la Bonne Nouvelle que Dieu veut communiquer à tous.

La Bible forge la mentalité chrétienne

On ne vit pas sa foi seul, mais en Église. C'est en effet avec ses frères dans la foi, que le chrétien lit la Bible pour se ressourcer et vérifier si la façon dont il vit aujourd'hui est en cohérence avec la révélation biblique.

Par ailleurs, et ce n'est pas secondaire, la Bible fournit également les mots de notre prière. Elle est école de prière. Elle introduit dans la longue tradition des psaumes et des cantiques du Nouveau Testament.

La Bible, tout en respectant la liberté et les spécificités de chacun, forge donc entre tous les croyants une mentalité qui les rend plus attentifs à la présence de Dieu dans l'histoire contemporains.

Lire la Bible pour un chrétien n'est pas une occupation facultative ou accessoire. C'est une nécessité. Elle relie les croyants d'aujourd'hui à ceux qui, depuis vingt siècles et plus, l'ont méditée et l'ont fait vivre. Elle les insère dans la longue aventure des croyants au Dieu d'Abraham, et, ce faisant, elle les entretient dans l'espérance.

Mon histoire

Après de longues décennies de fréquentation, la Bible a envahi mon imagination, mon esprit et mon âme. Peut-être suis-je devenu un homme de la Bible ? Il me semble que j'étais avec Abraham, le jour où il a quitté Ur en Chaldée, que j'ai traversé la mer Rouge avec Moïse, que j'ai vu et entendu le tonnerre et les éclairs de la montagne du Sinaï... enfin que j'ai tout vécu du long itinéraire, de la vie du peuple d'Israël, à travers heurs et malheurs. Je suis aussi parmi les hommes qui ont suivi le charpentier de Nazareth lorsqu'il proposait une nouvelle Alliance avec Dieu, je l'ai vu se débattre avec les puissants d'alors, je suis dans la foule qui le regardait mourir sur la croix. Je suis encore l'un des pèlerins d'Emmaüs, et aussi l'un de ces disciples partis annoncer, en Grèce ou à Rome, que la vie vient de changer, que toutes les morts sont vaincues, qu'un sauveur a renversé les fatalités.

L'histoire de la Bible est devenue mon histoire. J'ai pris place modestement dans la caravane plusieurs fois millénaire. J'ai trouvé dans cette marche rude et exaltante le sens de toute vie, celle de tous et la mienne. La Bible qui parle de passé, de présent et d'avenir, me fait entrevoir les horizons proches ou lointains, lumineux ou obscurs de notre itinérance.

Gérard Bessière, dans *"La Bible et son histoire"*, Fêtes & Saisons n° 478 (octobre 1993).

La Bible pour tous

Pour qui n'a jamais conduit de voiture, l'apprentissage présentent des difficultés. Mais peu à peu, avec la pratique et l'habitude, des réflexes s'installent et le temps laborieux des débuts est vite oublié. Reste à bien conduire et à respecter les règles du code de la route. La lecture de la Bible n'est pas réservée aux spécialistes, encore faut-il s'y préparer, acquérir quelques réflexes et connaître sens interdits et sens obligés. Sinon la lecture de la Bible risque d'être fastidieuse et même dangereuse !

Les pages précédentes peuvent donner l'impression que la lecture de la Bible est compliquée, voire impossible pour la majorité des chrétiens. Or ce n'est pas du tout le cas.

La foi

Les chrétiens, quel que soit leur niveau de culture, possèdent deux clefs qui leur permettent d'entrer avec sûreté dans la Bible : leur foi et la communauté des croyants à laquelle ils appartiennent. La Bible est tellement imprégnée de la foi de ceux qui l'ont écrite qu'il existe une affinité avec la foi des lecteurs. On ne fait pas dire n'importe quoi à la Bible si on l'aborde avec un esprit de foi. Les chrétiens qui lisent la Bible à l'aide de ces guides que sont la communauté et la foi au Christ ressuscité, ne risquent guère de s'égarer dans leur lecture.

La communauté

L'appartenance à la communauté des chrétiens est une très importante clef de lecture. La Bible fut écrite et transmise par une communauté de croyants. C'est l'Église qui nous donne les Écritures. Notre lecture est une lecture en Église et non pas une simple lecture individuelle. C'est en fonction de la mission de l'Église, du témoignage qu'elle a à porter dans le monde, qu'on lit la Bible. Il n'est donc pas étonnant que la lecture de la Bible soit proposée chaque dimanche aux fidèles, ainsi qu'à chaque célébration d'un sacrement.

Beaucoup de groupes de chrétiens pratiquent une lecture régulière de la Bible, et méditent ensemble la Parole de Dieu pour essayer ensuite, de la mettre en pratique.

Le service de l'exégèse

Il y a, à l'intérieur de l'Église, un service d'experts, d'exégètes, qui s'emploie à éclairer les difficultés des livres bibliques en utilisant toutes les ressources des sciences historiques, littéraires et des sciences humaines.

Le résultat de leur recherche parvient jusqu'aux fidèles par l'intermédiaire d'une multitude de canaux. Tout d'abord les traductions et les éditions de la Bible avec notes, et introductions. Puis tous les instruments d'accompagnement allant du livre savant au simple tract, en passant par des revues de tous niveaux. Les universités catholiques, les centres diocésains de réflexion chrétienne, les services de la liturgie et de la catéchèse, les divers mouvements offrent tous, à leur niveau respectif, une formation biblique qui atteint directement ou indirectement toute la communauté chrétienne. Il faudrait encore parler des manifestations comme les émissions bibliques, les expositions bibliques, les semaines de la Bible... Les pasteurs, les catéchistes ou les simples lecteurs de la Bible peuvent ainsi être accompagnés dans leur lecture de la Bible. Le lecteur de la Bible n'est pas délaissé.

. Le Magistère

Et si une question biblique soulève des difficultés particulières, les responsables pastoraux de l'Église, de par leur fonction et leur mission, peuvent intervenir pour donner des éléments d'appréciation en fonction aussi du temps présent.

Le service du Magistère, tout en étant soumis lui-même à la confrontation avec les Écritures, veille à ce que le trésor de la Bible ne soit pas confisqué par une catégorie de croyants, à permettre la confrontation des points de vue, à arbitrer et à juger, le cas échéant, entre les diverses interprétations en présence pour le bien de la communauté au moment où il décide, à prendre les moyens pour poursuivre la recherche.

Des fausses pistes

Un certain nombre de fausses pistes, de pistes parfois très dangereuses, doivent impérativement être évitées si on veut vraiment respecter la Bible et la découvrir comme Parole de Dieu.

Voici les principales fausses pistes à éviter :

• *Chercher dans la Bible la reconstitution historique d'événements du passé.*

(Nous ne reviendrons pas sur ce point largement développé plus haut).

• *Isoler une phrase biblique de son contexte.*

Si l'on sait choisir le verset adéquat, on peut en effet faire dire à la Bible ce que l'on veut. Les sectes excellent dans ce genre d'exercice. À partir d'un verset on condamne la transfusion du sang, ou la pratique de Noël, ou encore on imagine le ciel à la manière d'un paradis terrestre... Le danger de chercher dans la Bible ce qu'on veut y trouver est fréquent. Au cours des siècles, la Bible a servi ainsi à couvrir des pratiques qui contredisaient manifestement le message biblique, ainsi, il n'y a pas si longtemps, l'apartheid chez certains chrétiens d'Afrique du Sud.

• *Isoler un livre biblique de l'ensemble de la Bible.*

On ne peut isoler le livre de la Genèse du livre de l'Exode par exemple. C'est l'expérience du Dieu sauveur qui permet de mieux comprendre les récits de la création du monde. De même les textes de Sagesse où Dieu paraît souvent absent ou caché, apporte un contrepoids nécessaire aux textes prophétiques où Dieu intervient ouvertement et sans cesse. Un chrétien ne peut isoler l'Ancien Testament du Nouveau Testament. L'expérience pascale ne se comprend que dans la longue attente qui s'exprime dans l'Ancien Testament.

• *Ne pas mettre en relation la Bible et sa vie quotidienne*

La Bible est un livre qui est au service de la foi vécue aujourd'hui. Recevoir le témoignage de foi du passé pour lui-même est insuffisant; il doit servir à éclairer notre foi aujourd'hui. C'est en fonction de ce que nous vivons concrètement chaque jour que nous écoutons dans la Bible l'écho de la foi des croyants de jadis.

• *Faire de la Bible une Parole automatique de Dieu.*

Il y a une grande naïveté à croire que Dieu nous parle automatiquement, du fait même que nous ouvrons la Bible. Dieu, certes, est parfaitement libre de faire signe quand il veut et à qui il veut. Mais la Bible ne nous met pas en communication directe avec Dieu. Elle nous permet seulement, à certaines conditions, de mieux écouter la Parole de Dieu dans notre histoire aujourd'hui.

• *Chercher dans la Bible des recettes.*

La Bible est incapable de fournir des recettes qu'il suffirait d'appliquer telles quelles pour résoudre nos multiples problèmes individuels et collectifs. Elle nous indique seulement comment nos lointains ancêtres dans la foi ont fait face à leur difficultés. Il nous appartient, à notre tour, de chercher ensemble comment vivre et témoigner aujourd'hui, là où nous sommes, de notre foi.

Quelques conseils

Aucun croyant ne doit avoir peur d'aborder la Bible. Mais il est vrai qu'il est préférable de ne pas s'aventurer à l'aveuglette dans sa lecture. Les conseils qui suivent voudraient donner un peu plus d'assurance à ceux qui entrer dans une lecture croyante de la Bible.

• *Acquérir une Bible avec des notes et des introductions.*

C'est une tradition de l'Église catholique : la lecture de la Bible doit être accompagnée. La Bible est un vieux livre où, par exemple, les mots et les expressions n'ont pas nécessairement le sens qu'ils ont aujourd'hui. Ainsi, il est intéressant d'apprendre que la mer, dans l'Israël ancien, était le symbole des forces maléfiques. On comprend mieux alors la signification de la tempête apaisée où Jésus par son autorité calme la mer. L'expression "pécheurs d'hommes" appliquée par Jésus à ses compagnons s'éclaire : la mission de l'Église est d'annoncer notre délivrance du mal.

Autre exemple : il est bon de savoir que les chiffres, dans la Bible, sont souvent symboliques. Ainsi, le chiffre des 144 000 sauvés dont parle le livre de l'Apocalypse est-il obtenu en multipliant le chiffre 12, symbole de l'universalité, par 12, et par 1000 qui indique une quantité innombrable. Traduisons : l'universalité multipliée par l'universalité multipliée par une quantité immense, égale la volonté de salut universel de Dieu.

• *Chercher d'abord dans tout passage biblique la Bonne Nouvelle dont il témoigne*

Devant les faits, de l'Ancien comme du Nouveau Testament, inutile de s'attarder à "ce qui s'est exactement passé" au temps jadis. Il vaut mieux chercher en quoi ces récits servent le témoignage de foi de ceux qui les ont écrits. Par exemple, au-delà de la guérison de l'aveugle Bartimée, le texte invite ses lecteurs à reconnaître en Jésus de Nazareth le "Fils de David", celui qui nous fait se lever, autrement dit en langage biblique celui qui ressuscite. Marc dit dans cet épisode la foi de sa communauté.

• *Lire la Bible de façon gratuite.*

Les chrétiens ont une tendance naturelle à transformer la Bible en manuel de savoir-vivre. Ils lui demandent des recettes pour leur vie quotidienne. Or la jonction directe entre un texte biblique et notre vie est souvent difficile, voire impossible. Et puis pourquoi se reporter à la Bible pour justifier ce qui ressort des devoirs de tout bon citoyen. Le fait de se conduire de façon honnête ou d'être un bon voisin n'a besoin d'aucune caution biblique !

Il est évident cependant que la découverte de la Bonne Nouvelle du Dieu d'amour dans la Bible exige le changement de son comportement. La Bible n'est pas faite pour nous indiquer les modalités concrètes de cette conversion. Nous avons alors peut-être besoin de fermer la Bible et de réfléchir ensemble comment nous pouvons être fidèles aujourd'hui à la Bonne Nouvelle découverte ou redécouverte dans la Bible. Se laisser en quelque sorte imprégnée par la Bible, dans une lecture "gratuite", entraîne inévitablement des répercussions dans sa propre existence.

• *Avoir en tête les questions suivantes et les utiliser avec souplesse :*

- À quel(s) besoin(s) particulier (s) de la communauté ce texte apportait une réponse ?

- Est-ce pour redonner courage à cette communauté ? Pour raffermir son espérance ? Pour la soutenir ? Pour l'aider à prier ?

- Ou encore, est-ce pour enseigner les chrétiens ? Pour former les disciples chargés de la mission ? Pour résoudre un problème dans la communauté ou de l'époque ? Pour les exhorter à se conduire en conformité à leur convictions ? Pour secouer la communauté de son apathie ?

- On peut également se demander pourquoi tel ou tel texte a pris place dans la Bible et a été transmis ensuite.

- Face aux textes qui scandalise ou font difficulté, on peut se demander pourquoi leurs auteurs avaient besoin de parler ainsi ? Pourquoi, par exemple, certains textes nous présentent-ils un Dieu en colère, un Dieu jaloux, un Dieu menaçant...

Au lieu de se scandaliser de la formule de l'Exode « Dieu endurcit le cœur de Pharaon », on cherchera quel bénéfice il y avait à la garder dans la Bible. Ne serait-ce pas une manière pour le rédacteur du livre de l'Exode de montrer que Dieu mène l'histoire, que de toute façon Pharaon malgré sa puissance n'est rien ?

Toutes ces questions devraient permettre de prendre une certaine distance par rapport au contenu immédiat de la Bible afin de pouvoir mieux en discerner le sens profond.

La Bible dit la vérité

À la question posée au départ du livret, il est maintenant possible de répondre sereinement : oui, pour le chrétien, la Bible dit la vérité parce qu'elle témoigne véritablement de la foi des croyants d'Israël et de celle des premiers chrétiens. Plus encore, lue dans la foi à l'intérieur de la communauté des croyants, la Bible est un des chemins obligés qui conduisent à la Vérité et à la Vie, c'est-à-dire au Christ.

C'est bien pourquoi le concile Vatican II insiste tellement sur l'importance de la Bible : « Il est nécessaire que l'accès à l'Écriture Sainte soit largement ouvert aux fidèle du Christ » (Dei Verbum § 22).

POUR EN SAVOIR DAVANTAGE

☞ ÉDITIONS DE LA BIBLE

Il existe de nombreuses éditions de la Bible. Signalons les deux plus importantes.

• **La Traduction Œcuménique de la Bible** (TOB). Nouvelle édition révisée, Cerf/ Société Biblique Française, 1988

Les introductions et notes littéraires, historiques et théologiques, constituent un véritable commentaire. Il existe une édition comportant uniquement les notes essentielles.

• **Traduction de "La Bible de Jérusalem"**, Cerf, 1973 .Œuvre d'une équipe, cette nouvelle traduction a été révisée par une seule personne pour assurer l'homogénéité. Comme pour la TOB, introductions et notes littéraires, historiques et théologiques sont riches et permettent un fructueux travail. Elle existe en différents formats dont une Bible "compacte" et une Bible de poche, mais avec des notes restreintes.

- L'édition de la Bible de Jérusalem dite "Jérusalem nouvelle" a une visée plus directement catéchétique; elle comporte un guide de lecture.

☞ DES GUIDES DE LECTURE

• Évangile et Vie, **40 mots clés pour entrer dans la Bible**, Les Carnets de Fêtes & Saisons, Cerf/Novalis, 1993.

• Alain PATIN, **Ta parole comme un feu dévorant**, Les éditions Ouvrières, 1992. Un guide pour aborder et découvrir la Parole de Dieu dans les textes de la Bible, de manière simple et personnelle, sur deux années.

☞ DES REVUES

. **Les Dossiers de la Bible** présentent un thème biblique par numéro; cinq numéros pas an [Éditions du Cerf, 29 bd La Tour-Maubourg, 75007 Paris].

. **Les Cahiers ÉVANGILE** présentent un livre ou un thème de la Bible pour une étude personnelle [ÉVANGILE ET VIE, 8 rue Jean Bart, 75006 Paris].

. **Le Monde de la Bible** est une revue plus axée sur l'histoire, les lieux bibliques et les sites archéologiques en Terre Sainte [Bayard-Presse, 3 rue Bayard, 75008 Paris].

• **Fêtes & Saisons**
Notre revue publie régulièrement des numéros d'initiation à la Bible et à la lecture biblique [Éditions du Cerf, 29 bd La Tour-Maubourg, 75007 Paris].

☞ DES SERVICES BIBLIQUES

Pour tous renseignements sur la formation biblique, sur les groupes bibliques, sur les sessions bibliques à venir, se renseigner auprès des organismes suivants :

- *en France* : Le **Service Biblique Évangile et Vie** . Il publie aux éditions du Cerf les revues "Cahiers Évangile", les "Suppléments aux Cahiers Évangile" et les "Dossiers de la Bible". Il propose aussi à des groupes des "Fiches d'initiation à la Bible" [8, rue Jean Bart, 75006 Paris].

- *au Québec* : **Société Catholique de la Bible (SOCABI)**, chargé par de la pastorale biblique auprès des catholiques francophones du Canada. [7400 boulevard Saint Laurent # 519, Montréal, Qc. HER 2 Y1].

- *en Suisse Romande* : **Centre Catholique Romand de Formation Permanente** [31, boulevard de Grancy, CH-1006 Lausanne].

- *en Belgique* : **Connaître la Bible**
[40, avenue de la Renaissance, 1040 Bruxelles]

- *pour les autres pays francophones* : s'adresser au secrétariat général de la **Fédération Biblique Catholique Mondiale (FEBICAM)**, B.P. 10 52 22, D - Stuttgart 10 (R.F.A.)

☞ UN COURS PAR CORRESPONDANCE

Le cours par correspondance "Le Passage" propose une "École Biblique" par correspondance sur trois années, un parcours de lecture familière de la Bible et divers autres cours sur la Bible [3, rue Duguay Trouin, 75006 Paris].

TABLE DES MATIÈRES

Impression : Bussière, St-Amand (Cher). – (787-IV-1995)
N° d'édit. : 10058. D.L. : avril 1995.